SALON DE 1882

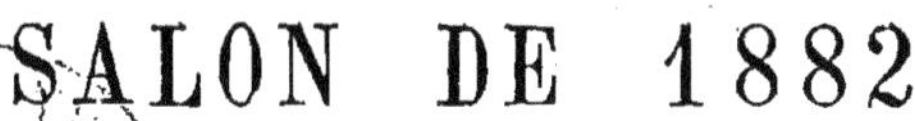

Publié dans LA MODE ACTUELLE

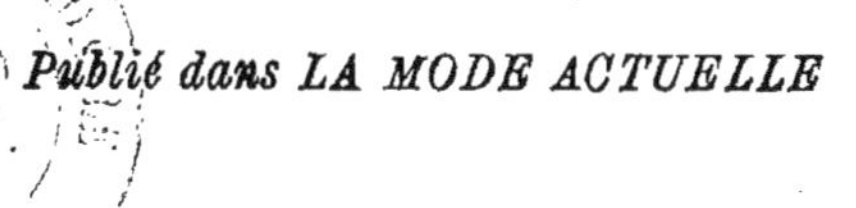

Le salon, cette année comme les précédentes, s'est ouvert au milieu des objurgations de tous ceux que le jury a mis à la porte. Certes, il y a eu des refus cruels et immérités ; mais, étant données les difficultés de la tâche et les défaillances humaines, il y en aura toujours, tant que des hommes jugeront d'autres hommes. Dans l'œuvre artistique, si multiple dans son impression et ses manifestations, les entraînements nerveux auront une grande part à l'appréciation du jury, il se trompera et sera injuste souvent, même en dehors des questions de coteries et d'écoles.

Il faut reconnaître que cette année le salon est bon, très bon même, et si l'on regrette de ne pas y voir tels morceaux de réelle valeur occuper la place d'œuvres médiocres, l'œil n'y est point attristé par les phénomènes échappés à des mains inhabiles, ou à des cerveaux mal équilibrés.

Un grand effort de tous, surtout de la jeune phalange, nous donne cette année un résultat qui assure à la peinture française le rang qu'elle semblait prête à abandonner depuis quelques années, grâce au souffle d'une fantaisie assez laide et de mauvais goût. En France ce qui est ridicule ne dure pas. Aussi est-on frappé du petit nombre des toiles amidonnées de l'école impressionniste, dont le chef a daigné prendre le crayon et dessiner les accessoires du *Bar aux Folies-Bergères* ; M. Manet lui-même a vraiment peint

avec une sûreté et une vérité de ton remarquables, de
nombreuses fioles fort bien distribuées, et une corbeille
de mandarines très réussie ; la marchande en est telle-
ment surprise qu'elle en est paralysée sur place. L'an prochain, les figures de M. Manet auront le mouvement et la
grâce, croyez bien que cet artiste peindra comme *l'Ecole*,
maintenant qu'il est décoré.

Autre chose remarquée, le grand nombre d'étrangers
admis et bien placés, comme il convient d'ailleurs, les
artistes français faisant les honneurs de chez eux aux
artistes anglais, polonais, américains qui les viennent
visiter. Un mot général sur l'ensemble de cette colonie,
messieurs les peintres de ces diverses nationalités se sont
étrangement francisés, c'est un hommage rendu à la peinture française. Prenons garde, il faut tenir ferme le drapeau.

Nous entrons. Devant nous, la grande toile de
M. Haquette, étude de plein air très réussie. L'action, bien
connue, resserrée sur une toile moindre, eût produit plus
d'effet.

Jolie et curieuse toile de chevalet : La *Cour de la Mai-
son des orphelines à Amsterdam,* de M. Lieberman, peinture aimable, bien étudiée, d'un excellent sentiment. J'aime
moins son *échoppe de savetier.* Le tableau de M. Wen-
ker eût été intéressant si le peintre eût connu saint Jean
Chrysostome et nous eût donné le portrait de ce grand ora-
teur. Le communard en surplis qui menace une maquette
dans une toile sans proportion et sans atmosphère, ne
donne aucune idée de ce drame historique.

De grandes qualités dans le *Baiser de la Syrène* de
M. Wertheimer, qui montre un talent réel et distingué dans
le portrait de *Jules Verne.* M. Max Leenhardt aura certainement du talent. Sa peinture a des qualités, mais le
sentiment dramatique lui fait défaut. Si le tableau de
M. Roll quittait la France, que diraient les étrangers du
peuple de Paris ? Ils croiraient M. Zola ! Car ce n'est certes

pas l'enthousiasme qui anime cette toile dont certains morceaux sont traités en maître. Voyez plus haut, M. Roll, voyez plus haut, vous y pouvez monter.

Ne quittons pas cette salle sans avoir salué la très remarquable toile de M. Luigi Loir, *Fin d'automne*. Il n'y a guère que les artistes et les flâneurs qui voient les merveilleux paysages parisiens, ses radieux ou mélancoliques couchers de soleil. La *Vue de Paris au pont d'Austerlitz* est l'œuvre d'un peintre habile et sincère.

Nous quittons le salon carré, et nous prenons les A. *Les Saisons* de Mlle Abéma, ne font pas un tableau, mais sont quatre portraits en quatre compartiments. Un peu précieuses, un peu vides, ces figures finement peintes du pinceau distingué de l'habile artiste, heureusement divorcée avec les tons de poudre de riz, eussent gagné à se lier entr'elles par une composition quelconque.

Bien charmante fantaisie de M. *Aubert* ; Un petit amour, tout frais éclos, avance timidement ses menottes vers le brasero d'une fillette, deux fraîches figures se détachant sur un tapis de neige. Egalement réussie, *La Brise*, du même artiste. — *Soir d'Automne* ; belle page de M. Dan, excellent sentiment de cette heure qui n'est plus le jour et n'est pas encore la nuit, et de cette saison qui n'est pas encore l'hiver ; fond heureux et bien dans l'atmosphère. Un beau portrait et une toile amusante et bien peinte, de M. Aublet. M. Bouché a pris rang parmi les animaliers, *sa Ruelle aux ânes* est un succès, comme il pleut sur les pauvres bêtes ! l'artiste observateur et laborieux a laissé cette année les verdeurs et les frondaisons, *La mare* est une étude d'hiver. *Le Bûcheron* de M. Bastien Lepage est une toile de haut mérite ; M. Lepage cherche avec le courage du croyant, encore un effort et il aura trouvé l'idéal qu'il se propose, le relief et le modelé dans la simplicité du procédé. Sa figure sort vigoureusement de la forêt, la fillette n'est peut-être pas mise à son plan ; l'artiste soit négligence, soit dédain ne prenant nul souci des valeurs. Le portrait de *M. Puvis de Chavannes* par M. Bonnat, est la seule toile de ce maître au Salon de cette année. La ressemblance physique n'est point œuvre d'artiste, M. Bonnat le sait, et nous montre le caractère de ses modèles par un trait, un mouvement, une attitude heureusement observée et toujours rendue. Les mains du peintre de fresque nous disent le secret de la notoriété de l'artiste qui s'est imposé aux délicats et au public par une force persévérante, leur faisant admirer la mystique placidité d'une peinture terne cernée d'un trait peu gracieux. *La Vérité* de M. Baudry, d'un dessin si pur, ne me semble qu'une esquisse pour quelque peinture décorative, le mouvement de l'enfant est adorable. *La dame de Trèfle*, symphonie en *do* majeur, sur un fond clair, où se détachent les attributs cabalistiques de la belle Argine, la reine de l'or. *La fête du cochon*, toile vigoureuse, d'un ton presque noir et cependant lumineuse ; une femme penchée sur un baquet bat le sang destiné au boudin ; au-dessus une fraissure sanglante, à côté le corps du roi de la fête, le jour se jouant sur tout cela. M. Henry de Beaulieu est un virtuose de la palette. *Les pêcheuses de Crabes* de M. Beyle, jolie toile d'une tonalité heureuse et distinguée.

Deux toiles militaires fort intéressantes : celle de M. Beaumetz, *La brigade Lapasset brûle ses drapeaux*, celle de M. Berne-Bellecour, *Manœuvres d'embarquement*, une des meilleures de cet habile artiste, tableau plein de vie, de mouvement et de vérité. Un jeune qui marche vite, c'est M. Léon Bouillon ; qu'il y a loin de la *Petite Chevrière du Jura* au *Sergent Hoff* ! Dans un paysage accidenté, aux verdures jurassiques de M. Jean Desbrosses, une fillette, d'un mouvement très juste et très étudié, tire sur sa bête capricieuse. *Dans l'herbe*, du même artiste, petite toile agréable et d'une bonne tonalité. *Trop tard !* de M. Bonneau. Franchement peinte, cette jolie toile. Pierrot, un jour de mai, porte à Colombine une botte de lilas blanc. Les roses d'Arlequin sont déjà sur le scuil. Pauvre Pierrot ! Amusante et poétique, la fantaisie de M. Bertrand, où la cigale, perchée dans un arbre, *chante à la lune*. Amusant et savamment peint, le panneau de Mlle Brunclaire, *Les Échecs*. De jolis petits chats s'ébattent sur un échiquier, la mère, grave, la queue arrondie, les suit de ses yeux demi-clos. *Le soir dans les hameaux du Finistère*, toile de M. J. Breton. Dimension modeste et grand effet. Sobre et forte peinture, d'une poésie calme et recueillie. Vieilles femmes portant la quenouille, jeune fille tricotant le corps appuyé sur les reins, amoureux dans l'ombre : tout cela vit et pense, gravement, comme il convient dans la vieille Armor.

M. Buland a obtenu deux médailles, je crois ; il est hors de page et fait œuvre d'artiste, donc il est de force maintenant à supporter la critique. *Jésus chez Marthe et Marie* est d'une tonalité exquise, la saveur un peu verte des précédentes toiles de ce jeune artiste s'est absolument modifiée, et le sentiment archaïque s'est développé au point de faire espérer dans M. Buland, non un peintre de *bondieuseries*, mais un peintre religieux. Cependant, quel que soit le pouvoir de l'esprit sur la matière, il en dirige les puissances et ne les annihile pas : les saintes ont des corps, et le Fils de Dieu fait homme, une tête parfaitement organisée. Puis, Marie n'a jamais touché que les pieds du Sauveur, l'artiste a voulu innover, c'est une faute. Bien spirituellement naïve, la *Leçon de chant*. Je n'aime pas l'*Albine*, de M. Comèrre. Son *Étoile* n'est certes pas une œuvre chaste, mais elle est si crânement et si habilement peinte qu'on oublie le sujet en admirant la science de l'artiste. M. Clairin, deux antithèses : *Les Brûleuses de varech*, toile énergique un peu sauvage, et *Froufrou*, nuage de dentelle et de rubans, sous lequel se devine un corps de femme parfaitement dessiné. *La fin de Nana*, affreuse harengère de la rue, vigoureusement peinte par M. Capdevielle qui lui a laissé la main petite et boursouflée de la paresse et du vice. Affreuse, la femme de

M. Châlons. Mauvaise peinture de mauvais goût. *Le lendemain d'une victoire à l'Alhambra*, délicieuse toile de M. Benjamin Constant, et plus grande que son *Christ au Tombeau*. Le Maure a une tournure superbe et les femmes sont bien épouvantées. *Bord du Beuvron*, de M. Davray. Effets de brouillard très réussi.

M. Dawant. *L'enterrement d'un Invalide*, peinture très expressive et très étudiée. *Le coin d'atelier*, par M. Delanoy, n'est pas une nature morte; quelle tonalité puissante et quel chaudron! un vrai chef-d'œuvre de vérité. *La vieille*, excellente figure de M. Doyen. Une vieille femme en épluchant des légumes, médite sur la brièveté de la vie. — Très intéressantes frises décoratives de M. Didier, *agriculture*, *charpente*, etc., etc., toutes les industries y sont traitées avec une sincérité et une simplicité de moyens très méritoires; l'artiste n'a point cherché à plaire, mais à instruire en donnant à chacune de ses figures la pose et l'expression la plus naturelle et la plus vraie. — *Le Fou*, par André Gill, certainement le meilleur tableau de l'artiste, et qui fait frémir, quand on songe que ce fou acculé au coin de sa cellule, l'œil hagard, les bras emprisonnés dans la camisole de force, est à lui seul le peintre et le modèle. — *Les bassins de La Villette*, excellente peinture de M. Gervex, le peintre des élégances luxueuses, égaré parmi ces rudes travailleurs, qu'il a rendus avec une science de dessin et une énergie que beaucoup ne soupçonnaient pas à l'auteur du *Retour du Bal*. M. de Gironde est aussi un peintre de tempérament énergique : *Les Chouans* sont de rudes hommes. — Pour ne les pas quitter, examinons *le général de Lescure blessé, passant la Loire avec son armée en déroute*. Belle page historique sans prétention, bien étudiée, bien composée, et bien peinte par M. J. Girardet. — *L'accident* de M. Sicard est amusant; tout est sur la neige, le cheval très bien peint, se relèvera, grâce aux efforts savamment combinés, beaucoup de mouvement et de vérité dans cette petite scène sur une toile un peu trop grande. Si le *Couronnement d'Inès* avait la solennité historique, si Pédre le justicier commandait en roi la cérémonie du baise-main et qu'elle fût commencée, M. Layraud nous eût donné une belle toile ; les qualités du peintre ne lui font pas défaut, il s'est trompé dans la composition, il prendra sa revanche. De par certain critique, il est de mode de crier Harô sur les tableaux d'histoire, cela vient de ce que les peintres ne l'étudient plus, prenant l'action à peu près sans en approfondir les causes, encore moins le caractère des personnages qu'ils mettent en *scène*, car, le tableau d'histoire exige la vérité scénique et doit être étudié à ce point de vue. *Salut au Roi des Juifs*, est aussi un tableau d'histoire ; M. G. Ferrier, en donnant aux yeux profonds du patient une intensité de vie, que n'éteint ni la douleur ni la fatigue, a prouvé une fois de plus qu'il connaît ses sujets et les traite avec le talent d'un maître moderne et la science des peintres anciens. Peut-être, une petite débauche de couleur.

Bien agréable la *dernière gerbe* de M. Leloir, un vrai trumeau du bon vieux temps où l'on aimait autre chose que l'or. Deux charmantes toiles de M. Leleux, *les vendanges*. Une fine toile de M. Henriet, *le chemin de l'école*, pourquoi ce peintre d'un talent sincère et distingué, fait-il de si petites toiles ? Il ne sera jamais trouvé que par les délicats. *L'Etoile du Berger*, de M. Herman, calme et poétique inspiration qui se communique doucement devant cette toile simple, où tout dort dans la plaine, excepté le chien, dont l'œil vigilant surveille le troupeau et se fixe sur la petite lueur éclairant dans la nuit la vitre du berger. Autre scène rustique rendue dans sa simplicité par M. l'Hermite dont le talent s'est affirmé cette année par une œuvre véritable. *La paie des Moissonneurs*, laisse bien loin les essais de peinture d'un des maîtres du fusain, M. l'Hermite a trouvé sa voie. Tous les personnages sont à leur plan, et l'air les enveloppe, le groupe de la jeune femme et du moissonneur comptant sa paie est excellent, le mouvement de la femme se penchant pour fouiller de l'œil le petit trésor, est gracieux et pris sur le vif. Le dessin serré est irréprochable, l'homme assis est superbe de vérité. Un beau paysage maritime plein de rosée, de M. Saintin. Les *châtaigniers*, de M. Segé, toujours sur la brêche, et *les marines* de M. Lepic sont des toiles fort remarquables.

La peinture de genre triomphe au salon cette année, personne ne s'en plaint, le tableau de chevalet bien peint, agréablement et finement composé, s'harmonise avec les modernes compartiments dans lesquels nous étouffons, au milieu des bibelots et des objets d'art, devenus un *luxe nécessaire* à tous. Les qualités féminines, la grâce, la conscience des détails, la finesse et le sentiment sont là bien à leur place, aussi, beaucoup de délicieuses toiles signées de femmes. *Le premier pas*, de Mme Demont-Breton est d'un sentiment exquis et plein de naturel, dans la tonalité lumineuse et distinguée particulière à l'artiste, qui a, cette année, agrandi ses tableaux. Peut-être un peu trop grand *la Famille*. *La mort de la Vierge* de Mlle Robiquet, sort du tableau de genre par sa dimension ; il y a certes des qualités sérieuses dans cette toile, mais elle manque absolument de chronologie. La Vierge mourut à soixante-quinze ans, et les apôtres avaient, comme elle, vieilli de trente ans depuis la mort du Christ. Le talent de Mme Enault va grandissant, *sa Fleur de serre* est adorable. Je regrette toujours en faisant cette rapide revue, que la place me soit comptée ; il y a de si charmantes œuvres dont je voudrais au moins nommer les signataires. Je ne passerai pas cependant sans un mot devant la toile de *Mlle Mercier, Part de Butin*, qui atteste de fortes études et un excellent sentiment de la vérité. Les sévérités du jury se sont, paraît-il, exercées sur les paysages et les portraits, il y en a certainement beaucoup moins qu'à l'ordinaire. Parmi les meilleurs, un portrait de

M. *Désiré Nisard*, mais perché si fort au-dessus de la place assignée par son numéro de réception, que les finesses du talent consciencieux et distingué de Mlle Houssay, sont, non pas perdues, l'expression de cette figure spirituelle et vivante attire le regard et le retient, mais une toile de cette valeur si mal exposée, légitime les colères d'un grand nombre d'artistes, dont quelques-uns, ne voulant pas se prêter au chantage de certains commis chargés du placement, ont coupé leurs toiles au bord du cadre qu'ils ont laissé vide. Ces scandales regrettables seront sans doute évités l'an prochain. Deux aquarelles, *le Portrait de Mlle Nisard* et *l'Etude*, complètent la très remarquable exposition de Mlle J. Houssay. Très beau pastel de Mme Mac-Nab : un grand *portrait* de femme crânement et spirituellement exécuté. Dans la peinture, un intéressant *portrait de femme,* par Mme Herpin-Masseras, dont la palette sobre et le dessin correct reposent les yeux de certains papillotages qui ne cherchent que l'effet. Mme Muraton a deux superbes toiles, *le Panier renversé* et *une bonne Chasse.* C'est toujours le peintre le plus vivant des natures mortes. Quelle vérité et quelle couleur ! Bien remarquables aussi les deux toiles de Mme Elodie Lavillette, *le Coup de soleil* et *les Sables.* Voilà bien les grandes roches de l'île de Groix, quand la mer furieuse ne gronde pas à leurs pieds. Très juste et très bien rendu *l'Effet de brouillard* de M. Lepic. Encore deux belles marines, *le Lever du soleil* et *le Jour de novembre* de M. Mesdag, un peintre qui se contente d'étudier la mer et de la rendre dans sa majestueuse simplicité. Parmi les peintres sincères et convaincus, ne pas oublier M. Jean Desbrosses, *La montée du petit Saint-Bernard* est une œuvre qui a gardé toutes les qualités du peintre, dont le pinceau s'est assoupli ; très juste d'effet, *le Monistrol d'Allier.* M. Desbrosses devrait depuis longtemps être classé par les jurys, comme il l'est des vrais artistes. Excellente toile, *les Accordailles* de M. Mosler, composition qui n'a pas besoin du livret pour se faire comprendre, peinture amusante et spirituelle d'un artiste soucieux du dessin et d'un observateur plein d'humour. Toujours heureux dans ses compositions M. Lobrichon, *sa Fantaisie décorative*, un bébé rose sur une draperie blanche, et son cortège d'enfants et de joujous fait rêver les mamans et les babys, et de plus, cette toile est d'une excellente facture. Intéressante étude des vénérables débris de nos armées, la toile de M. Poirson, coin très réussi du jardin *des Invalides* et de ses habitants, types bien choisis, naturels sans vulgarité; peut-être trop soigné ce tableau, un peu de brio eût augmenté l'effet de cette œuvre pleine de sincérité. *Le Philosophe* de M. Pelez, toile largement brossée, est ce que de nos jours on appelle un paresseux, notre siècle ne permet pas qu'on se désintéresse du bien-être; l'écuelle devenue tasse n'est pas un progrès. *Sès Irréconciliables*, sont bien jeunes pour leurs rôles; si le petit *aristo*, mieux élevé souriait au mendiant, celui-ci perdrait vite son regard haineux et colère; l'artiste en donnant au petit riche cette expression de vanité ridicule, fait peser une lourde charge sur les parents millionnaires.

Que d'œuvres de mérite il faut passer, pour dire un mot des dessins et des aquarelles ! Je ne puis quitter les salles de peinture sans revoir *la Charmeuse* de M. Villa, étude du xvie siècle faite pour le plaisir de l'esprit et des yeux; et, aussi, la *Salle des gardes* de M. Charlemont, où d'adorables petits pages, pas encore des hommes déjà plus des enfants, attendent en jouant aux dés, les ordres de la châtelaine; excellente peinture, étude très fine et sans prétention des physionomies et des étoffes. Oserais-je dire à l'artisteque la salle manque de largeur ?

Entrons aux dessins, et saluons les maîtres; d'abord quatre dessins historiques de M. Jean-Paul Laurens, traités comme toujours avec son talent d'artiste et sa science des mœurs disparues. Deux fusains de M. Lhermitte, *le Charron* et *le Tisserand,* la nature saisie est rendue avec le talent simple et vrai de cet artiste. Aux aquarelles, deux paysages lorrains, de M. F. Henriet, franchement peints et d'une grande vérité de tons, *les Maisons de Liverdun* surtout, petit tableau très original et finement étudié. Très intéressant, *l'Intérieur d'une ferme*, de Mme Bec de Fouquières, qui a aussi un joli portrait au pastel. Vigoureux et brillant comme une peinture de Carolus Duran, *le Souvenir de Menton* de M. Bethune. Une jeune femme en rouge d'un effet très osé, obtenu par une grande simplicité de moyens. *Jeunes filles à la pêche des équilles*, aquarelle de M. Cabasson, de ce dessin correct et serré qui n'exclut ni le charme ni la grâce. Plus modeste et pleine de promesse, l'*Etude* de Mlle V. Tantet, une élève de Mlle J. Houssay ; sa petite figure, d'un bon sentiment, est peinte avec goût et bien campée.

L'ensemble des dessins et des aquarelles est vraimen remarquable, et il y a fort peu de ce qu'on appelle en langage d'atelier, des peintures *de demoiselles*. C'est que les *demoiselles* ne craignent plus les grandes études, elles deviennent de vrais artistes comme les hommes. Pour s'en convaincre, il n'y a qu'à ouvrir les yeux. Les femmes ne reculent devant aucune difficulté, la peinture des émaux, si hérissée des épines de la cuisson, ne les rebute point ; à la tête des plus vaillantes, Mme de Cool, qui, outre *la Bonne cigarette* et *la Nuit*, deux émaux très réussis, a dans la peinture une excellente toile, largement peinte ; deux vieux époux se livrant aux douceurs du piquet : *A moi le reste*, s'écrie le mari triomphant, tout à fait amusante et naturelle l'expression des deux visages. L'*Aurore*, gracieuse composition et *Moïse* d'après G. Moreau, font à Mlle de Nugent une exposition d'un haut mérite ; ces deux émaux sont parfaits. Fort beaux aussi les émaux de Mme d'Ollendon, le *Portrait* et l'*Etude* dans le même cadre ont de grandes qualités de couleur et de dessin. *Bacchante et jeune enfant* de

Mlle Mouet de Crévecœur, annonce une recherche du sincère et du fini très méritoire.

Une jolie porcelaine, *Tête d'enfant* de Mlle O. Prial, une artiste laborieuse et qui, elle aussi, cherche le mieux. Passons aux faïences, il y en a cette année de tout à fait remarquables. Commençons par le maître, M. Bouquet, *Bateau sur la plage et barques* napolitaines. De M. Flick (Félix), un portrait de femme, d'une grande puissance de couleur et d'une belle tournure. De M. Gillet, deux grandes faïences, genre renaissance, tête de femme, xvie siècle, et *Petite marquise,* d'une grande finesse de ton et d'un sentiment très distingué. Un grand plat, très décoratif, de Mme Barbery. De Mme Boissonade, *le Taureau d'après* F. Poter et l'*Hallali* d'après Jadin, deux bonnes copies. Voici de Mlle J. Lapointe, *Mignon,* d'après J. Lefèvre et une *Tête d'étude*, fort bien venue et d'un excellent sentiment.

Encore à voir aux faïences : *la Poésie* de M. Crétineau-Joly, et *la Marne,* près de la Ferté-sous-Jouarre, très beau paysage de M. Bethmont, puis nous entrons visiter la gravure.

Cette année, la grande salle affectée à la gravure est coupée en largeur, ce qui donne un meilleur jour sur les cadres fixés au panneau, et l'on aurait des félicitations à adresser à l'administration, si les plus petites gravures n'étaient perchées justement au quatrième ou cinquième étage, ce qui ne permet qu'aux mouches de juger de l'impartialité du jury. Quel que soit le peu de mérite d'une œuvre elle doit être vue du public, tant pis pour l'artiste s'il en mérite la sévérité. Plus la gravure est petite, plus elle doit être vue de près. Une grande gravure au-dessus d'un petit cadre n'y perdra rien, demandez à MM. Waltner, Lamothe et Laguillermie, ce que leur feraient ...ze centimètres d'élévation ? Absolument rien. Si les gravures du quatrième rang sont si mauvaises, les bonnes ne peuvent que gagner à leur voisinage, mais je ne pense pas que ce soit la pensée charitable de cacher au public les défaillances de leurs confrères, qui porte le jury à les mettre si haut.

Les eaux-fortes de M. Abot, blondes et fraîches, conviennent bien aux portraits de Mesdames de la Comédie-Française et de l'Opéra. Fort intéressant le portrait *d'Ange Doni* que M. Charles Deblois nous envoie de Rome, gravure chaude et très soignée. Très belle, *la Cathédrale d'Amiens* de M. A. Delaunay, dont on n'a plus rien à dire sans se répéter, sinon que cette eau-forte est l'une de ses meilleures. *La Vierge à l'Eglantine*, gravure exquise de M. Didier, qui a rendu toute la suavité du Ghirlandajo ; un *saint Sébastien* d'après Guido Reni, de M. Flamet, très bon burin. *La lettre d'amour*, par M. Huot, le Bouguereau du burin. *Flore et Psyché*, un bijou de M. A. Jacquet, dont le burin souple poétise la gravure académique. Deux gravures de M. J. Jacquet, non moins bien réussies ; ces deux frères travaillent de concert à faire aimer aux profanes la belle gravure des vieux maîtres français, en lui donnant un air de jeunesse et de coquetterie. Autre graveur, tenant haut le vieux drapeau, et le défendant contre l'eau-forte, en donnant au burin la couleur et les grâces de l'ennemie. M. A. Lamothe a rendu *au Centenaire* le brillant et la chaleur de la peinture. Encore deux beaux burins, *Tarquin chez Lucrèce* et *le cardinal de Retz*, par M. G. Lévy. Travail consciencieux et fin.

Le *portrait de M. Grévy*, d'après Bonnat, et *les Deux familles*, d'après Munkacsy, belles eaux-fortes de M. Laguillermie, rendant consciencieusement les peintures. La tête et les mains du portrait sont admirables, ... est sage, tranquille et sans ficelle aucune. *La Vedette*, fine eau-forte de M. Lerat, artiste trop modeste pour son talent. *Le Bon baiser*, joli burin de M. Muzelle, nous amène à M. Varin dont il est l'élève. Les deux *Gour-*

mands, gracieux bébé aidant un lapin à dévorer une carotte, gravure spirituelle et délicate de M. A. Varin, L'*Homme et l'Avidité*, drôle de sujet bien anglais, fort habilement rendu par M. E. Varin. M. P. Varin a trois portraits, eaux-fortes et burin..

Deux superbes eaux-fortes de M. Waltner retiennent le regard, le *portrait de Rembrandt* est tout bonnement le chef-d'œuvre de ce genre de gravure, qui se prête si bien à l'interprétation de la peinture, et dont l'habile artiste connaît tous les secrets.

Un mot en passant à Mlle H. Formstecher, *la Leçon de lecture* d'après Terburg, est, malheureusement, placée trop haut, il faut longtemps la chercher, et l'on en juge à peine.

Un peu étouffé, un peu bousculé, on descend respirer à la sculpture. Que de Camille Desmoulins ! Dieux immortels ! Un seul, celui de M. Doublemard mérite l'attention. Deux grandes et belles œuvres, *la Défense de Belfort* par M. Mercié, et la *Défense de Saint-Quentin*, par M. Barrias ; la première s'inspire de la furia française, la seconde de la noblesse de l'art grec. Toutes les deux sont d'une admirable expression patriotique. Très jolie, *la Salambo* de M. Idrac, un artiste de la grande école ; jolie aussi la *Suzanne* de M. Marqueste, mais les extrémités inférieures un peu lourdes, le mouvement de la tête est bien trouvé. *A la mer,* de M. D'Epinay. Une femme, de notre temps, gracieuse et distinguée s'avance vers le flot, elle se penche pour y entrer avec le bébé qu'elle porte ; expression charmante, style renaissance. *Le Flambeau immortel*, de M. J. Marcellin, comme toutes les œuvres de l'artiste l'enfant, assis sur le monde, est d'une exquise distinction. Un petit socle en velours permet, en l'élevant, d'admirer la grâce tranquille du visage, demi penché, sous l'adorable mouvement du bras. Le marbre élégant respire et palpite sous l'œil, tant les chairs en sont modelées avec science.

Très beau et de la vraie sculpture, les deux groupes de fauves de M. Caïn. Dans le genre polychrôme, il faut remarquer *le Duo* et l'*Arabe* de M. A. Strasser.

Le ciseleur du XVIe siècle, statue bronze de M. A. Gaudez, et le Persée de M. Seenhoff, sont d'excellents morceaux. Le bas-relief en plâtre, de M. Bottée, est d'un bon sentiment, il est modelé avec un vrai talent. Que dire de cette œuvre pleine d'humour, de grâce et de génie que G. Doré appelle tout simplement *la Vigne ?*

Caroline DE BEAULIEU.

VERSAILLES. — IMPRIMERIE CERF ET FILS, 59, RUE DUPLESSIS.

9 782019 986896